HERIBERT PRANTL
WIR SIND VIELE

Eine Anklage gegen den Finanzkapitalismus

SüddeutscheZeitung **Edition** Streitschrift

© Süddeutsche Zeitung GmbH, München
für die Süddeutsche Zeitung Edition 2011

Projektmanagement: Sabine Sternagel
Art Director und Umschlaggestaltung: Stefan Dimitrov
Satz: Matthias Worsch
Herstellung: Herbert Schiffers, Hermann Weixler
Druck- und Bindearbeiten: CPI – Ebner & Spiegel, Ulm
Printed in Germany
ISBN: 978-3-86615-999-0

HERIBERT PRANTL

WIR SIND VIELE

Eine Anklage gegen den Finanzkapitalismus

Süddeutsche Zeitung Edition Streitschrift

INHALT

Legion ist ihr Name, denn ihrer sind viele

D ie Menschen gehen nicht auf Distanz zur Politik –
sie gehen auf die Straße, sie besetzen Plätze; das ist
keine Distanz, das ist etwas anderes. Sie entfernen
sich nicht von der Politik, sondern versuchen, sie
zu beeinflussen. Legion ist ihr Name, denn ihrer sind viele.
Vordergründig ist die Protestbewegung gegen Banken, Finanzmärkte und Sozialabbau eine negative Bewegung, weil sie nur
abzulehnen scheint. Doch durch das „Nein" hindurch schim-
mert mehr: die Suche nach Positivem, nach Perspektiven, nach
anderen Leitlinien der Politik. Die weltweiten Proteste fordern
von ihren Regierungen, in einer globalisierten Welt für ein
gewisses Maß an ökonomischem Anstand zu sorgen. Das ist
nicht unbillig, das gehört zum inneren Frieden. Und die Sorge
darum gehört zu den Grundaufgaben der Staaten und der Europäischen Union.

Vor vierzig, vor fünfzig Jahren stand Europa für Hoffnung
und eine grenzenlose Zukunft, heute steht es für Zukunfts-
ängste und grenzenlose Unsicherheit. Auch diese Unsicherheit
spiegelt sich wider in den Demonstrationen. Auf den Straßen
und Plätzen von Berlin, Rom und Paris sammelt sich aber nicht
nur der Protest gegen den Finanzkapitalismus und seine echten
und angeblichen Handlanger. Hier konstituiert sich die europäische Öffentlichkeit. Es ist dies der zweite Akt der Konsti-
tuierung: Der erste hat 2003 stattgefunden, bei den Massen-
demonstrationen gegen den Irak-Krieg der USA. Damals ging

es um die Grundfragen der Außenpolitik in Europa. Jetzt geht es um die Grundfragen der Wirtschafts-, Finanz- und Sozialpolitik.

Die Sinngebung des Sinnlosen

Diese europäische Öffentlichkeit hat keine goldenen Füllfederhalter dabei, um eine Charta oder eine europäische Verfassung zu unterschreiben; sie trägt stattdessen Plakate und Transparente; manchmal hängt sie sich Masken vors Gesicht. Diese Öffentlichkeit gibt keine diplomatischen Erklärungen ab; sie ruft stattdessen ihre Parolen. Sie spricht nicht die gleiche Sprache; aber sie braucht keine Übersetzer, denn ihre Botschaft ist überall ähnlich. Sie wehrt sich gegen die radikale Ökonomisierung der Politik und des öffentlichen Lebens. Sie artikuliert Unbehagen und Angst vor einem Raubtierkapitalismus, der Arbeitsplätze auffrisst und die Gesellschaft zerreißt. Sie misstraut dem Staat und seinen Milliardenrettungsschirmen für die Banken und seinen Billionenhebeln für den Euro. Das europäische Betriebssystem ist aber nicht der Euro, sondern die Demokratie.

Die europäischen Nationalstaaten haben ihre Fasson verloren, aber die Europäische Union hat sie nicht gewonnen. Diese EU gewinnt an Größe, aber nicht an Stärke. Die sozialstaatlichen Ordnungen zerbrechen, und die EU gibt sich hilflos. Sie gründet sich, allem anderen Gerede zum Trotz, nicht auf drei Säulen, sondern nur auf eine einzige: die Wirtschafts- und Währungsunion. Die politische Union ist fern, die Sozialunion noch ferner. Wenn aber Europa eine Zukunft haben soll, dann als solidarisches und demokratisches Reformprojekt, das den Menschen den Glauben an die politischen Gestaltungskräfte und die Hoffnung auf soziale Grundsicherung zurückgibt.

„Ich war Europas letzte Chance" – so hat Adolf Hitler vor seinem Ende im Bunker gesagt. Es war eine dämonische „Chance". Hitler hat auch das noch zerschlagen und zerstört, was vom alten Europa nach dem Ersten Weltkrieg noch übrig geblieben war, er hat die Weltgeltung Europas und dessen politischen und kulturellen Anspruch schauerlich verspielt. Nicht nur Deutschland, auch Europa war 1945 am Ende. Was dann in Europa geschah, ist mit dem neuerdings viel strapazierten Wort „Wunder" nur unzulänglich beschrieben. Das „europäische Kleinstaatengerümpel", wie Hitler es verächtlich bezeichnet hatte, tat sich zusammen, es überwand den Nationalismus und uralte Feindschaften. Die Europäische Gemeinschaft, die Europäische Union entstand. Die Geschichte der EU ist eine Geschichte der Quadratur des zerstörten Kreises. Sie ist die „Geschichte der Sinngebung des Sinnlosen"; so heißt das Werk des zu Unrecht vergessenen Philosophen Theodor Lessing, der 1933 von Nazi-Attentätern erschossen wurde. Diese EU ist der letzte Sinn einer verworrenen europäischen Geschichte; diese Friedensmacht EU ist also die Frucht kriegerischer Zerstörung. Es ist leider so schwer, dieses so Große im kleinen politischen Alltag zu spüren – und es zu bewahren.

Die Stärke Europas

Ein Europa ohne Europäer ist zum Scheitern verdammt. Also müssen wir streiten für ein soziales und gerechtes Europa. Nur ein soziales und gerechtes Europa ist auch ein demokratisches Europa. Ein demokratisches Europa ist ein Europa, das den Interessen all seiner Bürger verpflichtet ist, denen der armen und reichen Bürger, denen der starken und schwachen Bürger. In der Präambel der Verfassung der Schweizerischen Eidgenossenschaft aus dem Jahr 1999 steht der Satz: „… im Bewusstsein der gemeinsamen Errungenschaften und der Verantwortung gegenüber den künftigen Generationen, gewiss, dass frei nur ist, wer seine Freiheit gebraucht, und dass die Stärke des Volkes sich misst am Wohl der Schwachen". Die Stärke eines Volkes misst sich am Wohl der Schwachen: Das ist eine gute, eine wichtige, eine zukunftsweisende Devise. Sie gilt nicht für die Schweiz. Die Stärke Europas misst sich am Wohl der Schwachen. Das Wort „Schwache" ist freilich schon infiziert von den Ausschließlichkeitskriterien der Leistungsgesellschaft. Ein starker Staat ist ein Staat, der sich um das Wohl der Schwachen kümmert – und dabei vielleicht auch lernt, dass die Schwachen gar nicht so schwach sind, wie man oft meint; und dann ihre Stärken, die Stärken des Imperfekten, zu schätzen lernt.

Wider die Gleichgültigkeit

In den Flugblättern der Weißen Rose heißt es: „Zerreißt den Mantel der Gleichgültigkeit, den ihr um euer Herz gelegt habt". Und: „Wenn jeder wartet, bis der andere anfängt, wird keiner anfangen!" Diese Worte aus dem Widerstand gegen die Nazis sind keine Worte nur für das Museum des Widerstands. Es reicht nicht, sie auf Gedenkveranstaltungen zu zitieren. Diese Worte haben ihre eigene Bedeutung in jeder Zeit, auch in der gegenwärtigen. Sie gelten in Diktaturen und Demokratien, in Rechtsstaaten und in Unrechtsstaaten. In Diktaturen und Unrechtsstaaten verlangen sie ein ungeheueres Maß an Mut. Dort ist der Mut lebensgefährlich. In Rechtsstaaten und Demokratien ist der Mut nicht so teuer, aber billig ist er auch nicht. „Zerreißt den Mantel der Gleichgültigkeit, den ihr um euer Herz gelegt habt". Und: „Wenn jeder wartet, bis der andere anfängt, wird keiner anfangen!". Jeder und jede muss für sich nachdenken, was ihm und was ihr das heute sagt und wozu es ihn und sie verpflichtet.

Es stimmt nicht, dass man eh nichts machen kann. Es stimmt nicht, dass die Probleme der modernen Gesellschaft so groß, so unübersichtlich und komplex sind, dass man besser gar nicht anfängt, sie anzupacken. Es stimmt nicht, dass die Übernahme von Verantwortung eine aussichtslose, heillose Sache ist. Es stimmt nicht, dass nationale Egoismen nicht überwindbar sind und Solidarität in Europa an ihnen scheitern muss. Das alles sind Ausreden, das alles waren Sätze zur Tarnung der Bequemlichkeit. Es geht in einem ganz umfassenden Sinn um die Wohlfahrt der europäischen Gesellschaft. Wohlfahrt ist nicht Dekadenz, sondern das Ergebnis der Übernahme von Verantwortung.

Die Schirme, die in Europa zur Rettung von Banken, Wirtschaft und Euro aufgespannt werden, sind Milliarden groß, aber die Größe allein bringt es nicht. Jeder weiß, was ein guter Schirm braucht, der bei schwerem Wetter funktionieren soll: Er braucht einen festen Stock, an dem man ihn gut halten kann, und er braucht Speichen, die ihm Stabilität geben; je mehr solcher Streben er hat, umso wetterfester ist er.

Die Speichen des Vertrauens

Die Schirme von der ungeheuren Größe, wie sie mit dem Finanzmarkt-Stabilisierungsgesetz und dem ESFS geschaffen wurden, mögen von den Spitzenpolitikern noch mit aller Kraft aufgespannt werden können; wenn sie ihn allein festhalten wollen, wird es ihnen ergehen wie dem fliegenden Robert im Struwwelpeter: Er rennt mit dem Schirm ins Ungewitter hinein und schon passiert es: „Seht! Den Schirm erfasst der Wind, und der Robert fliegt geschwind, durch die Luft so hoch, so weit; niemand hört ihn, wenn er schreit." Dann fliegt der Schirm mitsamt dem Robert durch die Wolken, und die Geschichte endet mit dem bitteren Satz: „Wo der Wind sie hingetragen, ja das weiß kein Mensch zu sagen." Den Regierungen der westlichen Staaten und ihren Wirtschaftssystemen wird es allesamt so ergehen, wenn sie glauben, sie könnten den Schirm ganz allein halten. Sie brauchen dazu die Gesellschaften ihrer Länder, und sie brauchen das Vertrauen ihrer Bürger, weil erst dieses Vertrauen dem Schirm die Speichen einzieht. Mit den gewaltigen Finanzkrisen geht eine ebenso große Vertrauenskrise einher, sie betrifft die Glaubwürdigkeit des wirtschaftlichen Systems, sie betrifft die Gerechtigkeit und die Handlungsfähigkeit des demokratischen Staats. Ohne dieses Vertrauen bleiben Schutzschirme instabil; sie flattern, reißen alles mit oder gehen kaputt. Wie sehr das Vertrauen in die Politik geschädigt ist, kann man in jeder Diskussion zu fast jedem Thema hören: Ob es um die verschimmelten Wände im Klo des Kindergartens geht oder darum, dass Lehrer fehlen und Unterrichtsstunden ausfallen – immer und überall gab es wilden Beifall, wenn einer dann nur „500 Milliarden" sagt: „500 Milliarden für Banken, aber nur ein paar Knöpfe Sozialgeld pro Monat für Kinder von Langzeitarbeitslosen."

Die Dirigenten des Geldmarkts

Es ist doch so: Wenn die Familie Huber schlecht wirtschaftet, kommt der Gerichtsvollzieher. Wenn die Firma Maier schlecht wirtschaftet, kommt der Konkursrichter. Wenn aber eine Großbank schlecht wirtschaftet – dann kommen die Spitzenpolitiker mit dem Milliarden-Geldsack. Ist das die Belohnung für Zocker? Muss ein Schädiger nur dreist genug und der Schaden nur groß genug sein, damit der Staat das Desaster nobilitiert? Demokratie muss man lernen, heißt es oft. Darum dürfen, ja müssen diese Fragen beim Lernen gestellt werden. Denn es wäre nicht gut, wenn wir von der großen Politik das Falsche lernten. In der globalen Finanzkrise geht es ja nicht nur um das Vertrauen in den Geldmarkt, die Banken und die Finanzstabilität. Es geht vor allem auch um das Vertrauen in die Souveränität und die Gestaltungskraft der Demokratie. Es geht nicht nur darum, gigantische Geldlöcher zu stopfen, sondern darum, zu verhindern, dass sich die Krise des globalen Kapitalismus nicht in eine globale Krise der Demokratie auswächst.

Die Dirigenten des internationalen Geldmarkts haben viel dafür getan, dass es dahin kommt. Sie haben erfolgreich versucht, die Politik demokratisch gewählter Regierungen ihrer Disziplin zu unterwerfen. Sie haben Regierungen genötigt, sie haben bis zum Jahr 2008 den Abbau von Kontrollen erzwungen – und sind gleichwohl mit eigens gegründeten Zweckgesellschaften in die Nischen der Welt geflohen, in denen sie ihre riskanten Geschäfte noch besser verstecken konnten. Die Großmanager des Geldmarkts taten so, als sei die Demokratie eine Spielwiese für Kleinbürger, und als hätten Wahlkämpfe und Wahlen nur eine Funktion ähnlich der, wie sie „Brot und Spiele" im alten Rom hatten: Menschen zu Zuschauern zu machen und sie vom wahren Machtspiel abzulenken – denn die wahren Wahlakte finden nach der Überzeugung der Großmanager auf dem Börsenmarkt statt.

Die Börsen als fünfte Macht im Staat: Das ist keine Übertreibung eines Globalisierungskritikers von Attac. Das ist die Beschreibung eines früheren Vorstandschefs der Deutschen Bank. Rolf Breuer legte einst dar, warum sich Regierungen nach den Wünschen der Anleger richten müssten: „Die autonomen Entscheidungen, die Hunderttausende von Anlegern auf den Finanzmärkten treffen, werden im Gegensatz zu den Wahlentscheidungen nicht alle vier oder fünf Jahre, sondern täglich gefällt."

Eine Satansmühle

Die Interessen der Kapitalverwertung wurden viele Jahre lang der Demokratie übergeordnet mit der Behauptung, dass die Finanzmärkte sich viel mehr an Wohlstand und Wachstum orientieren als die Wähler. Die demokratische Kontrolle der Regierungen durch die Bürger erschien überflüssig, weil nach dieser Philosophie die freien Finanzmärkte die Politik wirkungsvoller lenken und kontrollieren konnten. Das erwies sich leider als wahr. Und genau das hat die Finanzkrise wesentlich verursacht. Demokratie ist eine Gemeinschaft, die ihre Zukunft miteinander gestaltet. Die Dirigenten der Finanzmärkte haben sich aus diesem Miteinander ausgekoppelt. Kraft und Zukunft demokratischer Politik hängen davon ab, diese Entwicklung zu revidieren und Regularien für die Märkte durchzusetzen. Der deregulierte Finanzmarkt ist eine Satansmühle; die Demokratien können dort nicht ihr Geld hineinwerfen und dann zuschauen, wie sie sich auf alte Weise immer weiterdreht.

Der Staat als nützlicher Idiot

Bis vor kurzem gab es Leute, die einen höchst merkwürdigen Traum träumten. Sie wollten den Staat ganz klein schrumpfen – so klein, dass sie ihn „ins Badezimmer schleppen und in der Badewanne ersäufen" können. Diesen Traum vom staatsbefreiten Markt, es war ein amerikanischer Traum, erzählten sie feixend in den Talkshows und ließen anschließend schon einmal das Wasser einlaufen. Von Leuten dieses Schlages, von Radikal-Neoliberalen und Radikal-Steuersenkern, hat sich der vormalige US-Präsident George W. Bush beraten lassen. Dieser Präsident hatte auch deswegen ein Ohr für sie, weil eine entfesselte und mit Ramschkrediten gedopte Immobilien-Industrie die horrenden Kosten seiner Außenpolitik innenpolitisch erträglich machte.

Als die Finanzkrise kam, wurde der Wasserhahn kurzfristig abgedreht und das Badezimmer zugesperrt. In der globalen Finanzkrise träumten die einstigen Badewannen-Mörder und ihre vielen Gehilfen, die es auch in Europa gab, nun, aus der Not geboren, nicht mehr vom schrumpfenden, sondern vom wachsenden Staat, von einem starken und hilfreichen Gemeinwesen, das sie und die maroden Banken in die Arme nimmt und ihren Bankrott abwendet. Aus der Staatsverspottung von gestern war über Nacht eine neue Staatsvergottung geworden. Waren die Groß-Manager konvertiert? Hatten sie abgeschworen? Hatten sie endlich eingesehen, dass der Neoliberalismus etwas ganz Entscheidendes verdrängt hatte: dass auch der Liberalismus von Voraussetzungen lebt, die er selbst nicht schaffen kann. Ohne einen starken Staat gibt es nämlich keinen Rechtsstaat, keine funktionierende Marktwirtschaft, keine Demokratie und keinen Sozialstaat, der für inneren Frieden sorgt. Nein, mit dieser Einsicht war es nicht so weit her; der starke Staat war von der moribunden Finanzwirtschaft in Wahrheit nur als nützlicher Idiot gefragt: Der Staat sollte zunächst die angeschlagenen Flaggschiffe der Finanzwirtschaft in seine Docks schleppen und dort mit viel Geld reparieren, sie aber dann anschließend wieder in den kapitalistischen Ozean auslaufen lassen. So würden die kleinen Steuerzahler die Reparatur bezahlen, und die alte Besatzung und die alten Passagiere könnten wieder auf den alten Kurs gehen. Zum Teil ist das auch gelungen. Marode Banken wurden mit Steuermitteln gestützt und nach dem Schock der ersten Krise begann die Zockerei von neuem.

Indes: Dem folgte der zweite Streich sogleich und die Krise begann aufs Neue. So ist aus einem früher börsenboomgestützten Grundvertrauen nun vollends ein börsensturzgestütztes Grundmisstrauen geworden. Die Gesellschaft steht vor dem Problem, das Friedrich Hebbel in seinem Trauerspiel „Demetrius" so beschrieben hat: „Wer damit anfängt, dass er allen traut, wird damit enden, dass er jeden für einen Schurken hält." Deshalb ruft nun alle Welt nach strenger Kontrolle und nach strengen Regeln. Deshalb folgt jetzt jeder dem Lehrsatz, der Lenin zugeschrieben wird: „Vertrauen ist gut, Kontrolle ist besser." Das ist ein heikler, ja ein bedrohlich totalitärer Spruch. Wenn er derzeit trotzdem richtig ist, dann indiziert das die Gefährlichkeit der Lage. Verträgliche Zustände werden erst dann wieder einkehren, wenn wieder das Umgekehrte gilt: Kontrolle ist gut, Vertrauen ist besser. Vertrauen, nicht Kontrolle ist nämlich das Band der Gesellschaft. Dieses Band ist zerrissen – und die Spitzenpolitiker der Welt halten in ihren Konferenzen die einzelnen Stücke in der Hand und überlegen, was sie damit anfangen sollen.

Zynismus und Frevelei

In der Washington Post schrieb in der Zeit der anschwellenden Krise Steven Pearlstein, Pulitzer-Preisträger von 2008, einen herzhaften Kommentar zum 800-Milliarden-Dollar-Programm der Regierung Obama und zu dem wirtschaftlichen Unverstand der Politiker. Er schlug vor, aus dem Programm 50 Millionen abzuzweigen, um damit dem ökonomischen Analphabetismus im US-Kongress abzuhelfen. Das ist eine Forderung, in welche die sogenannten Wirtschaftsweisen in Bezug auf den deutschen Politikbetrieb sicher gerne einstimmen. Aber solche Belehrung ist nicht nur selbstgerecht, sondern auch problematisch – weil die designierten Lehrer noch vor kurzem ein Alphabet buchstabiert haben, das absurd falsch war: das Alphabet vom sich selbst regulierenden freien Markt. Politiker müssen keine Ökonomen sein. Die Vorstellung, von Hans-Werner Sinn vom Münchner Ifo-Institut regiert zu werden, ist mindestens so furchtbar wie die, dass aus Leitartikeln Gesetze gemacht werden. Natürlich sollen Politiker Fachleute sein – zuvorderst aber Fachleute für Verantwortung. Demokratie hat viel mit Verantwortung zu tun. Demokratische Verantwortung bedeutet aber erstens, dass nicht die Interessen der Kapitalverwertung, sondern die Interessen der Bürger

Grundlage für Entscheidungen sind. Und es bedeutet zweitens, dass dem Markt neue Regeln gesetzt werden müssen.

Lebensdienlichkeit der Wirtschaft

Seit dem 15. September 2008, dem Crash-Day in der Wall Street, sind auf den Finanzmärkten viele Milliarden Dollar und Euro verbrannt. Das ist schlimm genug. Noch viel schlimmer ist es, wenn in dem Feuer auch noch das demokratische Grundvertrauen verbrennt. Wir alle sind Teil des Systems, das Demokratie heißt und dessen Zukunft davon abhängt, wie tief das Durchdenken und das Umdenken nach der globalen Finanz- und Wirtschaftskrise ist. Politik und Gesellschaft dürfen daraus nicht so herauskommen, wie sie hineingegangen sind. Es geht um Läuterung, um Lebensdienlichkeit der Wirtschaft. Es geht um den Abschied von einer Lebensweise, die auf Spekulationsblasen gebaut ist. Globalisierung muss zu einer sozialen Angelegenheit werden. Und wer einen solchen Satz sagt, der muss wissen, dass er zu Hause, hier in Deutschland, hier in Europa, damit anfangen muss.

In welcher Gesellschaft wollen wir leben? Wie wäre es mit einer Gesellschaft, die Heimat sein kann für alle Menschen, die in ihr leben? Wie wäre es mit einer Gesellschaft, die sich darauf besinnt, was Demokratie ist – ich habe es schon gesagt: eine Gesellschaft, die ihre Zukunft miteinander gestaltet. Miteinander gestaltet! Miteinander! Damit verträgt es sich nicht, wenn die Arbeit ihren Wert verliert. Damit verträgt es sich nicht, wenn immer mehr Menschen ausgegrenzt werden: Arbeitslose, sozial Schwache, Ausländer, Flüchtlinge, Einwanderer. Damit verträgt es sich nicht, wenn die Gesellschaft wieder zur Klassengesellschaft wird, wenn eine steigende Zahl von Kindern in Armut aufwächst, wenn es nicht mehr stimmt, dass jeder es nach oben schaffen kann, wenn er nur fleißig und begabt ist. Die europäische Gesellschaft ist „semipermeabel" geworden, durchlässig nur noch in eine Richtung, von oben nach unten. Der Aufstieg funktioniert nicht mehr gut, das Bildungs- und Förderungssystem ist nicht mehr gut genug.

Die Bürgerinnen und Bürger einer Demokratie brauchen aber, um Bürgerin und Bürger sein zu können, Ausbildung und Auskommen, sie brauchen eine leidlich gesicherte Existenz, sie müssen frei sein können von Angst. Nicht die freie Entfaltung des Kapitals ist das Anliegen der bürgerlichen Freiheitsrechte, sondern die freie Entfaltung der Persönlichkeit jedes Einzelnen. Eine Umverteilung von oben nach unten zum Zweck der sozialen Grundsicherung aller Bürgerinnen und Bürger und zur Herstellung annähernd gleicher Chancen und Lebensbedingungen ist kein sozialistischer Restposten, kein Sozialklimbim und kein Gedöns, sondern demokratisches Gebot. Der gute Sozialstaat ist keine Almosen-Verteilungs-Anlage. Es geht ihm vielmehr darum, die Menschen in die Lage zu versetzen, Bürger zu sein. Der moderne Sozialstaat befreit daher den Menschen nicht nur vom Status negativus, also vom Leben in Not, sondern ermöglicht ihm auch den Status positivus. Sozialstaat und Demokratie gehören zusammen, sie bilden eine Einheit. Wer den Sozialstaat beerdigen will, der muss also ein Doppelgrab bestellen.

Heimat Europa

Sozialpolitik ist nicht ein Annex des Ökonomischen, sie darf es nicht sein; Sozialpolitik ist eine Politik, die Heimat schafft; erst kluge Sozialpolitik macht aus einem Staatsgebilde, aus einer Union eine Heimat für die Menschen, die darin leben. Wer seinen Nationalstaat als Heimat erlebt hat, der will daraus nicht vertrieben werden. Er will, wenn die Heimat Nationalstaat zu schwach wird, Europa als zweite Heimat. Wenn also in europaweiten Protesten Demonstranten immer wieder von ihren Regierungen fordern, in einer globalisierten Welt für ökonomischen und sozialen Ausgleich zu sorgen, dann ist das getrieben vom Wunsch nach einer gemeinsamen Zukunft in sozialer Sicherheit und innerem Frieden. Und die Sorge darum, die Sorge um diesen inneren Frieden, ist vornehmste Aufgabe der Europäischen Union. Es gilt, den Sozialstaat, das europäische Erfolgsmodell für demokratische Stabilität, im Staatenverbund Europa fortzusetzen.

Bürgerinnen und Bürger, nicht Euronen

Europäisches Sozialmodell: das heißt nicht, dass es europaweit gleich hohe Mindestlöhne geben soll oder europaweit das gleiche Arbeitslosengeld oder europaweit die gleichen Renten oder europaweit die gleichen Schulsysteme. Europäisches Sozialsystem. Das heißt auch nicht, dass das Gesundheitswesen in ganz Europa auf die gleiche Art und Weise finanziert sein muss. Ein gesamteuropäischer, glattgehobelt dünner Sozialstaat mit stromlinienförmigen Vorgaben aus Brüssel – das ist kein europäisches Sozialmodell, sondern eher eine Horrorvorstellung.

Europäisches Sozialmodell: Das ist etwas ganz anderes. Das ist die gemeinsame Vorstellung davon, dass soziale Ungleichheit nicht gottgegeben ist. Europäisches Sozialmodell: Das ist guter Schutz und kluge Hilfe bei den großen Lebensrisiken, bei Krankheit, Arbeitslosigkeit und Pflegebedürftigkeit. Es ist ein gemeinsames Koordinatensystem, in dem die Achsen Solidarität und Gerechtigkeit heißen – und in dem dann die einzelnen Staaten ihre jeweiligen Koordinaten finden und von Brüssel, Straßburg und Luxemburg dabei nicht behindert, sondern unterstützt werden. Die großen Lebensrisiken können nur wenige allein meistern, ohne in Not zu fallen. Da hilft auch keine Privatversicherung, wenn deren Prämien nicht bezahlt werden können, da hilft nur der Sozialstaat, der Solidarität fordert, der je nach Einkommen und Vermögen nimmt und damit auch denen geben kann, die sich selbst nicht zu helfen vermögen.

Ein Europa ohne Europäer ist zum Scheitern verdammt. Also müssen wir streiten für ein soziales und gerechtes Europa. Nur ein soziales und gerechtes Europa ist auch ein demokratisches Europa. Ein demokratisches Europa ist ein Europa, das den Interessen all seiner Bürger verpflichtet ist, denen der armen und reichen Bürger, denen der starken und schwachen Bürger. Europa funktioniert ja nicht schon dann, wenn das Räderwerk in Brüssel läuft. Europa funktioniert nicht schon dann, wenn eine Elite sich in Brüssel und Straßburg zu Hause fühlt. Europa braucht nicht nur Kommissare und EU-Beamte, Europa braucht mehr als nur Richtlinien, mehr als Euro- und Griechenland-Rettungspakete. Europa braucht nicht nur den Euro. Es braucht das Vertrauen der Menschen. In Europa wohnen nämlich nicht Euronen, sondern Bürgerinnen und Bürger.

Rebellion mit Grund

Im Londoner Sommer von 2011 ist der Protest der Jugendlichen explodiert. Die Unruhen wurden gewalttätig. Die Scherben sind schon längst wieder zusammengekehrt; die Schaufenster wurden neu verglast; Sneakers und Flachbildschirme stehen wieder in den Regalen; die Randalierer sind kräftig verurteilt. Das große Erschrecken ist schon wieder vorbei. Der britische Premierminister David Cameron hat die jungen Plünderer für krank erklärt. Zur Heilung wurde ihren Familien die Sozialhilfe entzogen; so wurde die Sippenhaft eingeführt. Es kam der britischen Politik entgegen, dass die Unruhen so sprachlos gewalttätig, so destruktiv sinnlos und so niederträchtig waren.

Die Blödheit der Randalierer hat es der Regierung erleichtert, in der eigenen Dummheit zu verharren. Sie antwortete auf soziale Desintegration allein mit Repression.

So leicht machen es die jungen Demonstranten in Spanien und Portugal ihren Regierungen nicht, auch nicht die in Kairo, Tel Aviv und Santiago de Chile. Diesen Protest kann man – weil er zwar zornig, manchmal auch stinkwütend, aber meist friedlich ist – nicht zusammen mit der Gewalt von der Straße kehren. Man kann die Jugendproteste naiv nennen, aber sie artikulieren ein Generalunbehagen der Gesellschaft: Die Proteste sind Ausdruck der Empörung über soziale Ungerechtigkeit, oft skandieren sie keine konkreten Forderungen, sondern sie stehen einfach für das bedrohliche Gefühl, dass der Staat vom Markt beherrscht wird. Die Proteste wollen – ist das zu viel verlangt? – eine Demokratie, die ihrem eigenen Anspruch gerecht wird: wie gesagt, gemeinsam die Zukunft zu gestalten. Von dieser Gemeinsamkeit spüren abgehängte Jugendliche nichts, und von der Zukunft sehen sie die Arbeitslosenstatistiken, die ihnen sagen, was sie schon wissen – dass sie in einer Gesellschaft leben, die sie offensichtlich nicht braucht und die auch kein Geld dafür hat, daran etwas zu ändern: weil erstens gespart werden muss und weil zweitens das Geld, das noch da ist, für Rettungsaktionen auf den Finanzmärkten gebraucht wird. Eine solche Sicht auf die Dinge ist zwar zu simpel, aber unter dem Strich doch richtig.

„Rebel Without a Cause", hieß der Film von 1955 über die „verlorene Generation", mit dem James Dean weltberühmt wurde. Der deutsche Titel lautete: „Denn sie wissen nicht, was sie tun". Heute gilt dieser Titel weniger für die Jugendlichen, denn für die Politiker. Wissen die eigentlich noch, was sie tun? Wer so fragt, darf, auch wenn er selbst keine Lösung weiß für Probleme, für die die Politiker auch keine haben, darauf hinweisen, was Demokratie heißt: Herrschaft des Volkes für das Volk. Aber diese Herrschaftszeiten sind anscheinend vorbei. Dagegen rebelliert die Jugend in Europa mit Grund. Die Bürger vieler Staaten sehen sich in einem Spiel, das so ähnlich funktioniert wie die „Reise nach Jerusalem". Die Teilnehmer stellen sich dabei neben den Stühlen auf, die im Kreis angeordnet sind. Sobald die Musik ertönt, laufen alle im Kreis um die Stühle herum. Wenn die Musik abbricht, muss jeder versuchen, sich möglichst schnell auf einen freien Stuhl zu setzen. Im Spiel scheidet stets ein Spieler aus, weil eine Sitzgelegenheit zu wenig aufgestellt ist. Im wahren Leben ist es viel schlimmer: Es unterscheidet sich in Spanien, Großbritannien, Italien, Israel oder Deutschland dadurch, wie viele Stühle weniger aufgestellt sind. Und weil die Musik zu selten spielt, bleiben die sitzen, die schon sitzen und die stehen, die schon stehen. Eine mobile Gesellschaft ist das nicht. Es ist eine, in der Junge kaum Chancen haben.

Alte und neue Gerechtigkeitsrisiken

Das Leben beginnt ungerecht und es endet ungerecht, und dazwischen ist es nicht viel besser. Der eine wird mit dem silbernen Löffel im Mund geboren, der andere in der Gosse. Der eine zieht bei der Lotterie der Natur das große Los, der andere die Niete. Der eine erbt Talent und Durchsetzungskraft, der andere Aids und Antriebsschwäche. Die Natur ist ein Gerechtigkeitsrisiko. Der eine hat eine Mutter, die ihn liebt, der andere einen Vater, der ihn hasst. Der eine kriegt einen klugen Kopf, der andere ein schwaches Herz. Bei der einen folgt einer behüteten Kindheit eine erfolgreiche Karriere. Den anderen führt sein Weg aus dem Ghetto direkt ins Gefängnis. Die eine wächst auf mit Büchern, der andere mit Drogen. Der eine kommt in eine Schule, die ihn stark, der andere in eine, die ihn kaputt macht. Der eine ist gescheit, aber es fördert ihn keiner; der andere ist doof, aber man trichtert ihm das Wissen ein. Der eine müht sich und kommt keinen Schritt voran, der andere müht sich nicht und ist ihm hundert voraus. Der eine ist sein Leben lang gesund, die andere wird mit einer schweren Behinderung geboren.

Die besseren Gene hat sich niemand erarbeitet, die bessere Familie auch nicht. Das Schicksal hat sie ihm zugeteilt. Es teilt ungerecht aus und es gleicht die Ungerechtigkeiten nicht immer aus. Nicht derjenige, der das ändern, der das ausgleichen will, so gut es geht, ist dekadent – sondern derjenige, der es dabei belassen will. Gegen dieses Belassen erhebt sich Aufstand. Das lässt hoffen.

In Großbritannien werden die Sozialleistungen immer weiter gekürzt; auffällige Jugendliche werden durch Anti-Social Behaviour Orders, durch Maßregeln gegen anti-soziales Verhalten, zur Räson gebracht. Das ist dann die einzige Qualifikationsmaßnahme, die diese Jugendlichen je erhalten haben. Kaum ein anderes führendes Industrieland in Europa hat ein so klassifizierend abgeschottetes Bildungssystem wie das britische. Vier Millionen Kinder und Jugendliche leben dort in Armut, das sind rund dreißig Prozent. Aber Premier Cameron sagt dazu das, was schon vor dreißig Jahren Margaret Thatcher propagiert hat: Jeder ist seines Glückes Schmied. Das ist einerseits ein Satz, der den Neoliberalen gefällt, weil sie Solidarität und Fürsorge für Schmonzes halten. Das ist aber auch ein jugendlich-optimistischer Satz, in dem viele junge Leute ihre Überzeugung wieder finden, weil sie ihrem Glück und ihrer Kraft vertrauen – bis sie erfahren, dass niemand sie schmieden lassen will. Das ist eine Generalerfahrung, ein Grundgefühl, das junge Leute in vielen Ländern teilen. Wenn es aber nichts zu schmieden gibt, ist es sinnlos, wenn Recht und Politik versuchen, den Jungen diesen Satz mit repressiven Mitteln einzubläuen. Ausgrenzung kann man nicht mit der Polizei beenden. Es geht nicht mehr um Sozialkontrolle in Adoleszenzkrisen. Es geht um Lebensperspektiven.

Der Kapitalismus ist eine ähnlich frevlerische Wirtschaftsform, wie sie der Kommunismus war. Er frevelt heute auf Kosten von Menschen und Staaten. Zuletzt vermochte er es gar, den Staat davon zu überzeugen, dass dieser die vom Kapitalismus angehäuften Schulden tragen muss – wegen der staatlichen Verantwortung für das Große und Ganze. Der Kapitalismus brachte es fertig, von anderen das einzufordern, was er selbst nicht zu tun bereit ist: Verantwortung zu tragen. Der Kapitalismus kann so vieles; die märchenhafte Fähigkeit, Stroh zu Gold zu spinnen, gehört zu seinem Repertoire. Diese Kunst hat wechselnde Namen; zuletzt nannte man sie „Leerverkäufe". In der Finanzkrise von 2008 glaubte man, ein Fegefeuer des Kapitalismus zu erleben. Das war eine Täuschung. Genauso enttäuscht wurde die Erwartung, dass dem Markt durch Gesetze strikte Regeln auferlegt werden. Von der international-sozialen Marktwirtschaft, von einem menschlichen Kapitalismus also, ist man heute so weit weg wie 2008. Dieser Kapitalismus sprengt die Demokratie.

Demokratie in der Kiste

Es gibt freilich Leute die meinen, Demokratie sei nicht sehr viel mehr als eine Kiste: 90 Zentimeter hoch und 35 Zentimeter breit. Oben hat die Demokratie einen Deckel mit Schlitz. In der Tat: Alle paar Jahre kommen viele Leute zu diesen Kisten. Die Kiste heißt „Urne", also genauso wie das Gefäß auf dem Friedhof, in dem die Asche von Verstorbenen aufbewahrt wird. Wahlurne – das ist ja eigentlich wirklich ein merkwürdiger Name, denn die Demokratie wird ja an diesen Wahltagen nicht verbrannt und beerdigt; im Gegenteil: Sie wird geboren, immer wieder neu, alle paar Jahre. Wahltage sind die Geburtstage der Demokratie; der Wahlkampf vorher ist dann sozusagen die Zeit der Glückwünsche. Demokratie ist aber noch sehr viel mehr als eine Wahl. Sie findet an jedem Tag statt – genauer gesagt: sie sollte an jedem

Tag stattfinden; aber die Menschen spüren, dass es nicht so ist. Sie spüren, dass die Entscheidungen weit weg von ihnen fallen. Demokratie ist das beste und friedlichste Betriebssystem, das es für ein Land gibt. Es ist ein Betriebssystem, bei dem alle, die in einem Land wohnen, etwas zu sagen haben: Jeder hat eine Stimme, keiner ist mehr wert.

Wie ein kluger Sozialstaat aussieht

Weil das so ist, erschöpft sich ein kluger Sozialstaat nicht in der Fürsorge für Benachteiligte, sondern zielt auf den Abbau der strukturellen Ursachen. Madame de Meuron, die 1980 gestorbene „letzte Patrizierin" von Bern, sagte einem Bauern, der sich in der Kirche auf ihren Stuhl verirrt hatte: „Im Himmel sind wir dann alle gleich, aber hier unten muss Ordnung herrschen." Ist das die Ordnung, die wir uns vorstellen? Die Ordnung, die sich der demokratische Sozialstaat vorstellt, ist das nicht. Der gute Sozialstaat ist keine Unternehmung, die nur auf die Krankheit, die Arbeitslosigkeit, den Schicksalsschlag wartet und dann helfend eingreift. Seine Leistungsstärke zeigt sich also nicht erst und nicht nur am Niveau der Versorgung, wenn dieser Fall eintritt und er dann die Kalamitäten möglichst gut ausgleicht. Sie zeigt sich auch an der Kreativität, mit der er es seinen Bürgern ermöglicht, selbstbestimmt zu leben. Der kluge Sozialstaat investiert ins Soziale, zum Beispiel in die Bildung der Kinder der neuen Unterschichten; er verwandelt die Schwächen der Generation Migration in Stärken, er fördert die sprachlichen Kompetenzen und den interkulturellen Reichtum dieser Generation. Solche Sozialpolitik wächst über ihre industriegesellschaftliche Herkunft hinaus.

Das Übel, dass viele Leute ein schlechtes Leben führen, resultiert ja nicht daraus, dass andere Leute ein besseres Leben führen. Das Übel liegt darin, dass schlechte Leben schlecht sind. Und das Gute ist, dass, auch mittels derer, die ein besseres Leben führen, zumal mittels derer, die Millionen- und Milliardensummen auf den Milliardenmärken bisher steuerfrei hin- und herjagen, denjenigen geholfen werden kann, deren Leben schlecht ist und die relativ arm dran sind.

Die Bürger einer Demokratie brauchen Ausbildung und Auskommen, sie brauchen eine leidlich gesicherte ökonomische Existenz, sie müssen frei sein von der Angst um die eigenen Lebensverhältnisse. Deshalb sind Reformen, die Langzeitarbeitslose auf eine Rutsche in die Armut setzen, undemokratisch. Nur eine vitale Gemeinschaft hat die Kraft, eine kopernikanische Wende in der Arbeitswelt einzuleiten, in der nicht mehr allein Kapital und Markt definieren, was als Arbeit zu verstehen ist.

Bebels Utopie

Zu Beginn der achtziger Jahre, als die Gewerkschaften für die 35-Stunden-Woche kämpften, diskutierte ein Gewerkschafter mit dem katholischen Sozialethiker Oswald von Nell-Breuning. Dieser sagte ihm: „Junger Freund, sie kämpfen für 35 Stunden. Dabei wären zehn Stunden völlig ausreichend, wenn die Menschen vernünftig mit ihren Ressourcen umgingen". Zehn Stunden wären ausreichend: das war schon die Vorstellung von August Bebel. In Bebels Utopia, geschildert in seinem berühmten Buch „Die Frau und der Sozialismus", das schon zu seinen Lebzeiten 53 Auflagen erlebte, gehen, sobald alle Kapitalisten exproppriert sind, alle Arbeitsfähigen einer Arbeit nach – einer mäßigen, täglich zwei- bis dreistündigen, abwechslungsreichen, ergiebigen Arbeit ... in der übrigen Zeit geht jeder, je nach Geschmack, Studien oder Künsten nach oder pflegt geselligen Umgang. Diese Utopien von gestern sind heute nicht falsch. Es geht bei ihnen nicht um Faulheit oder Müßiggang, sondern um Teilhabe, Teilen und um den Lebenswert.

Düster sieht die Zukunft der Arbeit nur dann aus, wenn man darunter vor allem Tätigkeiten versteht, die auf die Herstellung von herkömmlichen Gütern ausgerichtet sind. Dann scheint ein Blick in eine moderne Fabrik tatsächlich zu lehren, dass der Arbeitsgesellschaft die Arbeit ausgeht – weil dort, wo früher tausend Leute standen, nur noch fünfzig stehen, die ein Vielfaches dessen produzieren, was früher die tausend produziert haben. Ein Blick in die Kindergärten, Alters- und Pflegeheime, in die Krankenhäuser und Schulen lehrt anderes: Dort gibt es Arbeit in Hülle und Fülle. Es gibt unendlich viel Arbeit, die Gemeinschaft stiftet, die für inneren Frieden sorgt – Gemeinwesenarbeit, die chronisch unterbezahlt ist oder von der man erwartet, dass sie ehrenamtlich, also umsonst, erledigt wird. Die Arbeit für die Gemeinschaft muss den Rang bekommen, der ihr gebührt. Hier ist das neue Feld der neuen Arbeitsgesellschaft. Und dann, wenn die Arbeit für das Gemeinwesen den ihr zustehenden Rang erhält, kann Friedrich Engels' Traktat vom Anteil der Arbeit an der Menschwerdung des Affen fortgeschrieben werden und der Anteil der neuen Arbeit an der Menschwerdung des Menschen beschrieben werden.

Gott liebt die Zornigen

Du wirst Dich nähren von Deiner Hände Arbeit; wohl Dir, Du hast es gut; so sagt es Psalm 128 Vers 2. Mittlerweile ist es nicht mehr selbstverständlich, dass man sich mit seiner Hände Arbeit nähren kann. Mangelnder tariflicher Schutz, unstete, zerstückelte Arbeitsverhältnisse und Lohndumping haben dazu geführt, dass in bestimmten Regionen und Beschäftigungsfeldern Löhne gezahlt werden, die noch unter dem liegen, was der Staat Langzeitarbeitslosen zur Abdeckung des Lebensunterhalts zugesteht. Und wer gleich gar keine Arbeit findet, wie Massen von Jugendlichen in Europa, der ist nicht nur auf Unterstützung angewiesen – dem geht es nicht gut, er ist arm; arm an Mitteln zum Leben, arm an Zukunft, arm an Hoffnung, arm an Selbstwert; sein Stolz ist gebrochen.

Kann Armut nicht auch ein Herz läutern und es rein machen? Ist Glanz nicht in der ärmsten Hütte? Es gibt ein Symbol einer angeblich heimeligen Armut, ja ihre Vergöttlichung: Alljährlich, kurz vor Weihnachten, wickeln wir wieder die Krippe aus dem Zeitungspapier des Vorjahres. Jeder Atheist kann die einschlägigen Requisiten herunterbeten: Da ist der Futtertrog mit dem Kind, die Krippe also, daneben sind Maria und Josef, Ochs und Esel, Hirten, Schafe, Engel. Maria und Josef gehören heute zum Grundbestand, waren aber nicht immer dabei. Erst die Gegenreformation hat die drei Hauptpersonen der Krippe zur Heiligen Familie formiert und den Christen als gottgefälliges Vorbild gegeben: Maria als Hausfrau, Josef als Zimmermann, und zu Füßen spielt das Kind. So war Weihnachten moralapostolisch trefflich genutzt, waren die häuslichen Tugenden und das christliche Familienideal dauerhaft etabliert und mit der Marienverehrung verbunden.

Die Vergöttlichung der Armut

Die heile kleine Welt entstand, die arm, sehr arm sein kann, in die das Unheil aber nicht hineinkommt. Arm aber sexy, würde man heute sagen. Der Schrecken bleibt draußen. Laster gibt es dort nicht, keinen Hochmut, keinen Neid, keine Wollust, nicht Trägheit, Zorn, Völlerei oder Geiz. Wir haben uns das Weihnachtsszenario als Idylle geschaffen, als kleinen Ort der großen Sicherheiten – obwohl uns die alte Erzählung von Unsicherheit berichtet, von einer Geburt unterwegs und im Unbehausten, von ängstlichen Hirten auf dem Feld. „Und sie fürchteten sich sehr", als um sie herum lauter bedrohliche Dinge passierten. Wir kennen die Geschichte, sie gehört zu Weihnachten wie der Baumbehang, den man aus der Kiste holt. Wir beachten diese Angst der Hirten kaum, in Krippenspielen kommt sie nicht vor.

In unserer gewohnten Krippenszenerie bleiben aber nicht nur die Ängste und die Schrecknisse draußen – sondern auch der Geist, der Heilige Geist. Warum eigentlich? Immerhin ist doch er es, so die christliche Lehre, aus dem Jesus gezeugt worden ist. Eine Krippe nur als Idylle einer heilen Welt ist eine „geistlose" Krippe. Vielleicht sollten wir miteinander überlegen, welche Figuren noch Platz in der Krippen- und Glaubenslandschaft hätten – wenn der Geist anwesend wäre.

Wir leben derzeit in wachsender Unsicherheit, es geschehen lauter bedrohliche Dinge: Die Finanzkrise gefährdet die Demokratie. Ganze Staaten stehen am Abgrund und es steht zu fürchten, dass sie hineinfallen und mit sich ganz Europa ins Verderben reißen. Das sicher Geglaubte ist nicht mehr sicher, die Menschen fürchten um die Stabilität des gewohnten Lebens, sie haben Angst um ihren Lebensertrag, Angst vor dem, was noch kommen könnte. Sie erleben, wie mit den Millionen und Milliarden der Steuerzahler die Banken saniert und die Löcher in den Autobahnen des Finanzkapitalismus geflickt werden – auf dass weiter gerast werden kann. Sie erleben, wie die Marodeure der internationalen Finanzwirtschaft ungehindert von Regeln ihre Schweinereien treiben.

Das Occupy-Evangelium

Man könnte also versucht sein, einmal eine andere Krippe aufzustellen, nicht die idyllische Krippe, nicht die mit den Schafen, Hirten und dem Jesulein-Jesus, sondern eine Krippe, in der zweitausend Schweine stehen. Nein, das ist keine Blasphemie. Die Geschichte mit den zweitausend Schweinen ist eine Geschichte aus dem Evangelium nach Markus. Es ist eine Geschichte über gute und böse, reine und unreine Geister. Es ist eine biblische Geschichte, auf die man stößt, wenn man darüber nachdenkt, wohin eine Welt kommt, der die Gabe und die Kraft fehlt, zwischen guten und bösen Geistern zu scheiden.

Von unreinen Geistern ist in den Evangelien die Rede, wenn es um die Heilung von Besessenen geht – zum Beispiel im Evangelium von der Heilung des Besessenen aus Gerasa. Als Jesus dort ankam, kam ihm ein „Mensch mit einem unreinen Geist" entgegen – ein tobender Mensch, einer, vor dem alle Angst hatten, ein Mensch, den nichts und niemand halten konnte. Im ganzen Neuen Testament begegnen wir keiner weiteren Darstellung von solch unheimlicher Zerrissenheit, solcher Ohnmacht und solchem Ausgeliefertsein mehr. Die Heimat dieses tobenden Menschen ist die Heimatlosigkeit, sein Leben das Unleben, seine Kontaktform die Kontaktvermeidung. Er hatte, so steht es bezeichnenderweise da, „seine Wohnung in den Grabhöhlen".

Man hatte versucht, so berichtet es der Evangelist Markus, ihn mit Fußfesseln und Ketten zu binden; er zerriss die Ketten und er zerrieb die Fußfesseln. „Und niemand vermochte ihn zu bändigen". Es schien, als sähe dieser wüste Mann die ganze Welt nur durch die Schleier der Zerstörung. Und was machte Jesus? Als der Ungeist auf den Befehl, auszufahren (also zu verschwinden), nicht reagierte, redete er mit ihm und er fragte den Dämon, der in diesen Menschen gefahren ist, nach seinem Namen. „Wie heißt du?"

Es ist dies die einzige Frage, die zu helfen vermag. Eugen Drewermann hat darauf hingewiesen, dass in der Psychoanalyse im Grunde nichts anderes geschieht, als dass diese eine Frage immer wieder mit anderen Worten geduldig gestellt wird: „Wer bin ich selber?", „Was lebt in mir?", „Was ist mein Wesen?" Und der Dämon antwortet: „Legion ist mein Name, denn unser sind viele".

Der geheilte Besessene

Der tobende Mensch, der Besessene aus Gerasa, hat kein eigenes Ich mehr, mit dem man reden könnte. Stattdessen existiert in ihm eine Vielzahl von Handlungs- und Denkgewohnheiten, die sich verselbständigt haben, in ihm stecken Ängste, Zwänge und Handlungsmuster. Jesus erlaubt es dem Besessenen, die unreinen Geister in eine Herde von Schweinen fahren zu lassen (also in die Tiere, deren Genuss Mose verboten hatte). Es ist ein furchtbares Ausagieren aller bisher verinnerlichten Aggression und Gewalt, die jetzt nach außen drängt und sich entlädt. Und dann heißt es bei Markus: „Die Herde aber stürzte sich dann hinunter in den See, etwa zweitausend an der Zahl, und sie ertranken im See". Der Besessene ist geheilt, sein unheimliches Wesen ist verschwunden; er wird von Jesus beauftragt, zu verkünden, was der Herr an ihm tat und wie er sich seiner erbarmte. Der Mann hatte schon auf Erden wie in der Hölle gelebt und er kehrte in der Nähe Jesu vom Tod ins Leben zurück. Jesus schickt ihn nach Hause. Er soll Ruhe finden.

Schickt Exorzisten zu den Analysten

Es ist dies eine Exorzismus-Geschichte. Solche Evangelien klingen schon einigermaßen suspekt: Man denkt an Verschwörung und Aberglauben, an finstere Filme und an Schauerromane. Es steckt aber ein tiefer, ein existentieller Ernst in solchen Geschichten: Sie handeln vom Ungeist, der die Menschen zerfrisst. Sie handeln von dem Ungeist, der zur Verwahrlosung der Menschen und der Gesellschaft führt. Der Dämon des Evangeliums vom Besessenen von Gerasa ist die zerstörerische Variante des Freigeistes: Es ist der Geist der pervertierten Freiheit, der keine Bindungen akzeptiert, der sie zerreißt, es ist der Geist der Hemmungslosigkeit und der Gier. Es ist der Geist, der den Turbo des Kapitalismus, den Turbokapitalismus antreibt. Der amerikanische Soziologe Richard Sennett hat das 1998 in seinem Werk „Der flexible Mensch" beschrieben, er hat dargelegt, wie sich der „Freigeist" des Kapitalismus auswirkt: Der Mensch, der freigesetzt von seinen Wurzeln und Bindungen flexibel überall einsetzbar ist, ist zugleich Opfer und Idealtypus des Kapitalismus. Insofern ist der Besessene eine schillernde Figur: Er ist Treiber und Getriebener zugleich.

Wie viele Zwänge, Ängste und Muster spiegeln sich in diesem System? Wie viel Freiheit hat jemand, der gierig ist und sich selbst funktionierend diesem System unterwirft? Vielleicht bräuchten viele Finanz-Analysten den Besuch eines guten Exorzisten, einen Ungeist-Austreiber, einen, der sie heilt. Man kann „Occupy", die Occupy-Bewegung als Exorzismus im erweiterten Sinn verstehen: Als eine „Besetzung" der Finanzplätze mit besseren Geistern – mit dem Geist der Verantwortung und dem

Geist der Sorge für das Gemeinwohl. Befreiung heißt ja nicht, von jedem Geist verlassen zu werden, sondern von einem anderen, einem guten Geist erfüllt zu werden. Das können die Finanzplätze brauchen.

Das Markus-Evangelium über den Besessenen von Gerasa ist ein Occupy-Evangelium: Es handelt von den Besessenen auf den Finanzmärkten, die bisher niemand zu bändigen vermochte; es handelt von der globalisierten Wirtschaft, die nicht mehr im Dienste des Menschen steht, weil sie alle Bindungen gesprengt hat. Und dann geht einem der Satz unter die Haut, den der Besessene von Gerasa spricht: „Legion ist mein Name, denn unser sind viele". Legion, das ist zum einen die Vielzahl der Dämonen, Markus sieht den Besessenen aber zugleich auch als Verkörperung des von den römischen Legionen besetzten Israel. Legion – das ist hier die Gewalt der vielen. Nicht nur Militär entfaltet Gewalt, auch politische Systeme; oft geht das Hand in Hand. Das ist im Kapitalismus so wie im Kommunismus.

Zugegeben, die Geschichte über den Besessenen von Gerasa, die der Evangelist schildert, eignet sich nicht so gut zu einer szenischen Darstellung, sie passt nicht so gut ins Krippenbild. Es gibt zwar ein paar Jahreskrippen, Krippen also, in denen mehr gezeigt wird als die Herbergssuche, die Geburt im Stall, die Anbetung der Könige und die Flucht nach Ägypten. In den Jahreskrippen wird auch die Hochzeit zu Kana dargestellt, der Kreuzweg, die Kreuzigung, die Auferstehung – aber nie die Heilung des Besessenen von Gerasa. Gleichwohl passt diese Geschichte trefflich in die Zeitläufe. Vielleicht ist ja ein Finanzpapier so etwas wie ein Hausschwein – und der Finanzmarkt so eine Art Schweineherde. Aber wenn die Schweine nicht artgerecht gehalten werden, wenn der Ungeist der Hedgefonds und der Leerverkäufe in sie hineinfährt, dann gebärden sie sich wie verrückt. Und dann ist auch der Abgrund nicht weit, in den alles stürzt. Im Markus-

Evangelium ist das passiert – und die Schweinehirten, die Angst um ihre Existenz haben, forderten Jesus deshalb auf, ihre Gegend schnell wieder zu verlassen.

Ein Wüterich verliert den Kopf ...

Wie gesagt, das alles ist krippenmäßig ein wenig schwer darstellbar. Aber eine andere aktuell durchaus einschlägige Szenerie ist in Jahreskrippen sehr wohl zu sehen, eine Szenerie, in der es auch um eine Austreibung geht – um die sogenannte Tempelreinigung, die ja nicht so heißt, weil Jesus den Tempelboden geputzt hätte, sondern weil er falsche Einstellungen, den Geist der Habsucht, der Gier, den Geist des ökonomischen Exzesses aus dem Tempel hinauswarf. In dieser Szene steht Jesus mit heiligem Zorn im Tempel, eine Geißel aus Stricken in der Hand, er stürzt die Tische um und wirft die Händler und Geldwechsler hinaus, die das „Haus des Vaters" zur Räuberhöhle gemacht haben. Dieser Tempel ist nämlich nicht allein ein Ort des Gebets. Er ist das Zentrum der Religion, das Zentrum der Politik und Zentrum der Wirtschaft, ein Machtzentrum in jeder Hinsicht also. Er ist zugleich eine riesige Bank, Ort des Tempelschatzes, Depot für die Wertsachen der Reichen, Ort der Geldvermehrung. In den folgenden drei Tagen diskutiert Jesus mit seinen Gegnern unter anderem Steuerfragen, Fragen der Auferstehung und nach dem höchsten Gebot. Sie versuchen, ihn listig mit ihren Fragen in die Enge zu treiben und ihm Verrat an Gott und dem Kaiser nachzuweisen.

... der Zornige bewahrt sich den Verstand

Der Weihnachtskrippen-Jesus ist ein putziges Kind; der Tempel-Jesus ein gefährlicher Mann. Die Schriftgelehrten suchten von

diesem Ereignis im Tempel an nach einer Gelegenheit, ihn um-
zubringen. Der Zorn Gottes macht den Theologen bis heute ge-
wisse Schwierigkeiten, weil er nicht zu passen scheint zur sanftmütigen Radikalität der Bergpredigt. Aber wenn Gott Mensch
geworden ist, wie es die Weihnachtsgeschichte sagt, dann tut es
gut, wenn dieser Mensch so menschlich reagiert – und damit
auch den Zorn gegen den Finanzkapitalismus, der die Bürger
gepackt hat, erhebt.

Der Zorn sei eine Todsünde, sagen Theologen. Der Zorn
kann eine Christenpflicht sein, zeigt das Beispiel des Jesus –
wenn er eine Leidenschaft ist, die aus dem Leiden wächst, aus
der Trauer über erlittenes Unrecht. Dann reißt der Zorn die
Trauer heraus aus der Depression; dann ist der Zorn das Gegenteil der verbreiteten Kann-man-eben-nichts-machen-Hal-
tung; dann ist er etwas anderes als Wut. Ein Wüterich will sich
abreagieren. Der Zornige will agieren. So ein Zorn gegen die
Ungerechtigkeit steht in biblischer Tradition. Schon der Prophet
Jesaia grollt: „Deine Fürsten sind eine Bande von Dieben, sie
lassen sich gern bestechen und jammern Geschenken nach. Sie
verschaffen den Waisen kein Recht, und die Sache der Witwen
gelangt nicht vor sie." Auf dass wir uns nicht falsch verstehen:
Jesus ist kein Wutbürger. Sein Zorn ist nicht zu verwechseln mit
Wut. Ein Wüterich verliert den Kopf. Der Zornige bewahrt sich
den Verstand.

Gott ist Dialektiker

Gott liebt die Zornigen, weil er die Lauheit hasst. In der Offen-
barung des Johannes 3,15 ff lässt er der Gemeinde in Laodizea
wissen, was er zum Speien findet: „Ich kenne deine Werke. Du
bist weder kalt noch heiß. Wärest du doch kalt oder heiß! Weil
du aber lau bist, weder heiß noch kalt, will ich dich aus mei-
nem Mund ausspeien. Du behauptest: Ich bin reich und wohlha-

bend und nichts fehlt mir. Du weißt aber nicht, dass gerade du elend und erbärmlich bist, arm, blind und nackt."

Gott liebt die Zornigen. Aber selig sind die Sanftmütigen, denn sie werden das Erdreich besitzen – sagt die Bergpredigt. Aber die Sanftmütigen brauchen dazu die Zornigen, die das Erdreich verändern. Aber der Zorn braucht die Sanftmut, damit er nicht bösartig wird. Aber die Sanftmut braucht den Zorn, damit sie nicht zur Harmlosigkeit verkommt. Gott ist Dialektiker.

Wenn die Deutschen zornig werden

In den zornigen Jahren des 19. Jahrhunderts entdeckten die Deutschen die Straße als den Ort des Protestes und der Veränderung, als einen Ort der Demokratie. Erbitterung und Empörung über Behörden, Majestäten und Fabrikherren machten sich Luft in Protestmärschen, Demonstrationen und Manifestationen. Die Hungrigen wogen in den Bäckereien das Brot nach; war es in Ordnung, zog man weiter, war es zu leicht, wurde es genommen und verteilt. In Hunderten von Volksversammlungen wurde über Gott und die Welt, über Straßenbau, Industrieverschmutzung und über das allgemeine Wahlrecht gestritten; die Arbeiter forderten kürzere Arbeitszeit und „anständige Behandlung". Zusammen mit Dienstboten und Handwerksgesellen kämpften sie um ihre gesellschaftliche Anerkennung.

Diese Proteste waren eine politische Volks-Schule, dort lernte man zusammen mit den Studierten das Abc der demokratischen Rituale. Die Vertreter der herrschenden konservativen Mächte wurden unruhig und schürten deshalb die Angst vor dem, was sie Umtriebe und Krawalle nannten. In den „Fliegenden Blättern" erschien damals, es war 1848, eine Zeichnung, die den Erfolg der staatlichen Angstkampagnen illustriert; eine Bauersfrau fragt auf diesem frühen Comic ihren gerade heimkehrenden Mann: „Kommst Du aus der Volksversammlung?" –

„Ja wohl, Alte!" – „Na was habt ihr denn ausgemacht? Ist jetzt
Freiheit – oder ist noch Ordnung?"

Ist jetzt Freiheit – oder ist noch Ordnung? Dieser fragende
Satz ist ein deutscher Schlüsselsatz, er erklärt den deutschen
Anti-Chaos-Reflex. Freiheit galt hierzulande lange nicht als
Inhalt, Teil und Grund der Ordnung, sondern als ein Syno-
nym für Unruhe und Chaos – Ordnung ist gut, Freiheit ist
schlecht. Das klingt noch heute in den politischen Debatten
durch, mit denen neue Sicherheitsgesetze begründet werden;
die Beschränkung der Freiheitsrechte soll mehr Sicherheit
bringen. Ruhe ist erste Bürgerpflicht, Unruhe eine Pflichtver-
letzung. Das wurzelt tief im kollektiven Hintergrundbewusst-
sein. Unruhe hat einen denkbar schlechten Ruf in Deutschland; in Frankreich etwa ist das anders.

Unruhe ist aber etwas anderes als Randale. Unruhe ist
nicht Polit-Hooliganismus. Es gibt sozialverträgliche, voran-
bringende Formen der Unruhe – Unruhen also, die nichts anderes sind als der Plural von Unruhe; die innere Unruhe über
gesellschaftliche Missstände wird dann von vielen auf die
Straße getragen. Unruhen werden hierzulande nicht einfach
als Plural der Unruhe, als Summierung von Besorgnis und
Zorn wahrgenommen, sondern quasi automatisch mit Ge-
walttätigkeit gleichgesetzt. Die gewalttätigsten Zeiten waren
in Deutschland aber nicht die, in denen es unruhig war, sondern die, in der keinerlei Unruhe geduldet wurde. Unruhe ist
ein innerer Vorgang, der sich in Unruhen auskehrt, versam-
melt und öffentlich bemerkbar macht. Unruhen sind nicht per
se gewalttätig, wie es die Autoritäten glauben machen wollen.
Das war 1832 nicht so, als die unruhigen Bürger demonstrie-
rend aufs Hambacher Schloss zogen. Das war 1848 nicht so,
als die wildesten Aktionen nicht etwa die Erstürmung von
Rathäusern und Fabriken waren, sondern die Veranstaltung
von Katzenmusiken vor dem Haus von Politikern und Fabrikherren. Das war auch 1989 nicht so, als die Bürgerinnen und

Bürger der DDR sich ihre Freiheit erkämpften und das ver-
wirklichten, was schon die Revolutionäre von 1848 gewollt
hatten: Einheit in Freiheit.

Wider ein korruptes System

Und so sind auch die Klagen der Propheten im Alten Testament nicht einfach wütendes Lamento, sondern Forderung
nach Umkehr und Ankündigung der Läuterung. Es kann
der Zorn sein, der die Kraft gibt, eine etwas bessere Welt zu
schaffen – und möglichst damit bei sich selber anzufangen.
Zorn ist der Anfang für eine bessere Welt und nicht lediglich
die Voraussetzung für den Anfang, denn wer zornig ist, hat
den naiven Glauben schon verloren, dass etwas „alternativ-
los" sei, wie es die Politik so oft sagt – und das ist das Ent-
scheidende. Es ist ja nicht so, dass der unreine Geist nur in
den anderen wohnt und dass nur die Analysten des Exorzisten
bedürften. So hat das Meister Eckhart schon im 14. Jahrhun-
dert gepredigt: „Der Tempel, den Jesus reinigt, das ist unser
Herz. Dort gibt es alles: die Angst und die Antwort darauf."

Die Tempelreinigung richtete sich nur vorderhand gegen
ein paar kleine Händler, in Wahrheit ging es um eine demons-
trative Attacke gegen die Geldfabrik, zu der sich der Tempel
entwickelt hatte, gegen die Abkehr vom Eigentlichen. Sie war
nicht die Aktion eines Randalierers, sondern eine propheti-
sche Zeichenhandlung gegen ein korruptes System. Dieses
korrupte System funktionierte so: Die kleinen Leute mussten
damals ihre römischen Münzen umwechseln in eine Tempel-
währung; den Kurs dafür setzten die fest, die davon profitier-
ten. So verdienten sich die Großen des Tempelsystems, wie
man so sagt, dumm und dämlich.

Zweitausend Jahre später heißen die Geldfabrikanten anders, und die Methoden ihrer Abzockerei haben sich verfei-

nert – aber auch die neuen Hohepriester haben sich dumm und dämlich verdient. Dämlich? Als ihr System im Jahr 2008 zum ersten Mal platzte, ist es ihnen immerhin geglückt, die potentesten Regierungen der Welt zu einem Hilfe-Wettlauf zu bewegen. Haben sich die Staaten vor den Karren rein partikularer Interessen spannen lassen? Jedenfalls haben Regierungschefs und Präsidenten, die bis dahin für Schulen, Sozialhilfe und Universitäten kaum Geld hatten, Milliardenpakete zu Investmentbanken, Landesbanken und anderen Finanzinstituten getragen. Und nun, ein paar Jahre später, ist es wieder so ähnlich.

Das erinnert an die Heiligen Drei Könige, die dem Kind in der Krippe Gold, Weihrauch und Myrrhe darbrachten. Doch die Milliardensummen werden aber nicht einem Kind, nicht den Armen der Welt, sondern einem fressenden Finanzmarkt dargebracht. Das ist eine neue Epiphanie, die Selbstoffenbarung eines Systems, das der Konversion bedürftig ist. Es bedarf dazu nicht nur der Änderung einzelner Spielzüge, sondern um die Änderung der Spielregeln. Es reicht nicht aus, nur die Gier der Wertpapierhändler und Großmanager zu zügeln; das Regelsystem als solches ist korrumpiert.

In der Kulturzeitschrift „Die Gazette" fand sich ein Stücklein, welches das Gewese des Finanzmarkts pfiffig erklärt. Es geht so: Chuck kauft für 100 Dollar einen Esel. Das Tier stirbt vor der Lieferung. Chuck will sein Geld zurück, der Farmer hat es aber angeblich schon ausgegeben. Nun will Chuck den toten Esel, um ihn zu verlosen. Verlosen? Ich sag' den Leuten einfach nicht, sagt Chuck, dass er tot ist. Einen Monat später trifft der Farmer Chuck wieder. Was aus dem Esel geworden ist? Ich hab' ihn verlost, 500 Lose zu zwei Dollar verkauft und 998 Dollar Gewinn gemacht. Hat sich keiner beschwert? Nur der Kerl, der den Esel gewonnen hat. Dem habe ich seine zwei Dollar zurückgegeben ... Die Erzählung endet mit der Anmerkung: „Heute arbeitet Chuck für Goldman Sachs."

Vielleicht macht er jetzt auch Karriere als Ministerpräsident von Italien oder Griechenland oder als Chef der Europäischen Zentralbank EZB.

Die Geschichte erklärt, wie Leerverkäufe funktionieren. Sie erklärt nicht, wie so ein Eselsmodell zum Weltfinanzprinzip werden konnte und was dagegen zu tun ist. Der große christliche Sozialethiker Oswald von Nell-Breuning predigte stets von der Börsenmoral und setzte in den sechziger Jahren des vergangenen Jahrhunderts darauf, den Kapitalismus „umzubiegen". Heute muss dieses notwendige Umbiegen beim Finanzmarktkapitalismus ansetzen. Die Biegeinstrumente liegen schon auf dem Tisch, die Milliardenpaket-Schnürer haben sie nur noch nicht angefasst. Da liegt schon fast ewig der Vorschlag, die Transaktionssteuer auf alle Transaktionen mit Devisen, Wertpapieren und Derivaten zu erheben. Da liegt der Vorschlag, dass Finanzpapiere künftig zugelassen werden müssen, wie Medikamente auch. Da liegen die Vorschläge zu einer Internationalen Bankenaufsicht, zur Demokratisierung der Weltbank und des Internationalen Währungsfonds. So könnten die neuen Instrumente der Austreibung und Läuterung aussehen.

Das innere Feuer

Der Tempel von Jerusalem ist nur ein Symbol. Es gibt viele andere „Tempel", in und an denen Menschen nicht leiden sollen: den Staat, die Kirchen, die Wirtschaft, das Gemeinwesen. Verträglich geht es dort dann zu, wenn nicht nur dem Kaiser gegeben wird, was des Kaisers, und Gott, was Gottes ist – sondern auch dem Menschen, was des Menschen ist. Von Jesaja bis Maleachi haben die Propheten Wirtschaftskriminalität und Korruption angeprangert, Gott als den Gott der Armen und der kleinen Leute verkündet und die Verlogenheit eines Kults angeprangert, der Gott benutzt, aber nicht ehrt. „Ich bin euren Feiertagen gram und verachte sie und mag eure Versammlungen nicht riechen ... Tu weg von mir das Geplärre deiner Lieder; denn ich mag dein Harfenspiel nicht hören!" So faucht Gott beim Propheten Amos. Feiern angesichts schreiender Ungerechtigkeit empfindet er als gotteslästerlich. Vor dem Feiern kommt anderes: „Das Recht ströme wie Wasser und die Gerechtigkeit wie ein nie versiegender Bach". Das ist eine zornige, strenge und tröstliche Botschaft. Darin steckt das innere Feuer für eine bessere Lebensordnung.

Der Gott im Kabarettisten

In diesen Sätzen ist der liebe Gott kein lieber Gott; er ist hier eher ein zorniger alter Mann, wie ihn der Kabarettist Georg Schramm zeigt, wenn er den Rentner Dombrowski mimt. Oder er ist einer wie der alte Stephan Hessel, der mit 93 Jahren eine Schrift herausgegeben hat mit dem Appell „Empört Euch". Gott könnte aber auch eine junge Frau sein, die auf der Wall Street campiert. Zumindest aber glaube ich, dass er die jungen Leute, die jetzt in Europa überall aufbegehren, gut leiden kann – die jungen Leute, die wie er zornig sind, weil das Recht nicht wie Wasser strömt, und weil auch nicht die Gerechtigkeit strömt wie ein nie versiegender Bach, sondern das Geld fließt – hin zu denen, die es schon haben.

Recht und Gerechtigkeit sind die Kriterien, an denen sich der freie Geist scheidet – in eine gute oder in eine schlechte Kraft. Recht und Gerechtigkeit sind das Kriterium, das uns zwischen demjenigen Geist unterscheiden lässt, der das Leben ermöglicht und dem Geist, der es vernichtet. Freiheit meint nicht Orientierungslosigkeit, Grenzenlosigkeit, Haltlosigkeit, Freiheit meint das Freiwerden von der Gebundenheit an Ängste, Muster und Zwänge – wie sie, zum Beispiel, im turbokapitalistischen System angelegt sind. Die Kraft der Freiheit darf nicht die Freiheit zur Ausbeutung der anderen sein. Freiheit als gute Kraft setzt Recht voraus, das die Macht bändigt, sie mit Verantwortung paart; sonst entartet sie zur Freiheit der Unterdrückung und der Ausbeutung anderer.

Ein Volk befreiter Sklaven

Die Zehn Gebote beginnen mit einem Satz, der die Kriterien für Verantwortung lehrt: „Ich bin der Herr dein Gott, der ich Dich aus Ägyptenland, aus der Knechtschaft, geführt habe". Bereits das fordert eine Entscheidung: Für Gott – nicht für das goldene Kalb, nicht für den Stier vor der Frankfurter Börse, nicht für den Löwen vor der Bayerischen Landesbank, nicht für irgendeine angeblich alternativlose Ordnung. Ich habe Dich aus Ägypten herausgeführt, das heißt: Gottes Volk soll nicht vergessen, dass es ein Volk befreiter Sklaven ist und bei sich keine „ägyptischen" Verhältnisse schaffen, keine Verhältnisse also, bei denen man sich suspekter Herrschaft und Götzen unterwirft. Ein Land, in dem es Herren, Besitzende und Freie auf der einen Seite gibt und auf der anderen Seite Knechte, Besitzlose und Ausgebeutete – so ein Land ist nicht das Land des Volkes Gottes.

Es soll nicht sein, dass Menschen zu Ware, zu Material, zur Verschiebemasse, zu Beute, zum Fraß werden. Dies ist das Vorzeichen für all die folgenden Gebote. Diese zehn Gebote sind Befreiung von der negativen Freiheit, von der verantwortungslosen, der verwahrlosenden Freiheit. Gott hat seine Gebote gegeben, um uns positiv frei zu machen – nicht um uns den Spaß zu verderben, nicht um uns Gehorsam beizubringen, schon gar nicht, um uns knechtischen Geist einzuimpfen. Es geht in den Geboten auch nicht darum, simple Reglementierungen für komplizierte Lebensfragen zu verordnen – es geht vielmehr darum, Lebensglück, Würde und Freiheit für alle zu ermöglichen.

Die Gebote lehren zum Beispiel, am Ruhetag, am Sonntag, zu begreifen, dass man nicht dazu geschaffen ist, immer zu funktionieren wie ein Rädchen im Getriebe. Sie lehren, dass man es nicht nötig hat, den Nächsten schlecht zu machen; auf diese Weise kommt man selbst zu Ehren. Die Gebote lehren, dass man sich selbst seine eigene Würde bewahrt, wenn man lernt, zu schonen statt auszulöschen, zu gönnen, statt zu gieren. Das biblische Gesetz ist die Befreiung des Menschen von der Freiheit des Dschungels, wo jeder sich nach Raubtierart holen muss, was er kriegen kann. Gottes Gebot ist nicht Begrenzung, sondern ein Hinweis auf das Maß des Menschen und es will den Gewinn des Lebens für alle. Und deshalb entlassen uns die Gebote nicht aus der individuellen Verantwortung, sondern verlangen, ihr auf verträgliche Weise nachzukommen. Der freie Geist wird unverträglich, schädlich, gefährlich, mörderisch, wenn er sich von der Verantwortung für den Nächsten, von der Verantwortung für die Gesellschaft befreit.

Die Befreiung der Elenden

Öfter als von „Freiheit" redet die Bibel von „Befreiung". Paulus sagt: Zur Freiheit hat uns Christus befreit, darum steht nun fest und lasst Euch nicht wieder das Joch der Knechtschaft auferlegen. Freiheit hat man nicht, zur Freiheit muss man befreit werden, nicht nur einmal, sondern immer wieder. Die Bibel kennt nicht eine Freiheit an sich. Sie kreist um die gefährdete, um die nicht eingelöste Freiheit. Es geht immer um die Befreiung aus konkretem Unrecht, und darum immer um die Frage nach der Macht. Befreit werden nicht die sogenannten Eliten, auf dass sie zügellos sein können. Befreit werden die Machtlosen, auf dass sie aufatmen können. Befreit werden die, die Jesaja 61 im Blick hat: die Elenden, die mit den zerbrochenen Herzen, die Gefangenen und die Gebundenen. Befreit werden die Flüchtlinge, sie sind heute die Ärmsten der Armen.

Das Mittelmeer ist ein Massengrab geworden: Seit Jahresbeginn sind dort fast 2000 Tote gezählt worden. Sie waren Bootsflüchtlinge auf dem Weg nach Europa; sie sind verdurstet auf dem Wasser, sie sind ertrunken auf hoher See oder vor Lampedusa, sie sind erfroren in der Kälte der europäischen Flüchtlingspolitik. Die gezählten und die ungezählten Toten sind auch an ihrer Hoffnung gestorben. Diese Hoffnung bestand darin, die Not hinter sich zu lassen und in Europa Freiheit und ein besseres Leben zu finden. Die Insel Lampedusa ist für die Flüchtlinge eine Rettungsinsel im Mittelmeer. Viele erreichen sie nicht; und denjenigen, die sie erreichen, hilft das nichts. Man schickt sie wieder weg. Man verfrachtet die meisten Flüchtlinge umgehend dorthin, wo sie herkommen. Der am besten funktionierende Teil der EU-Flüchtlingspolitik ist nämlich die Rückführungspolitik. Wenn mit neuen Regierungen in Nordafrika wieder die alten Abkommen geschlossen werden können, beglückwünschen sich die Außen- und Innenminister der EU-Länder. Rückführungsabkommen sind Abkommen nach dem Motto „aus den Augen, aus dem Sinn". Man zahlt viel Geld dafür, dass das Asyl dort hinkommt, wo der Flüchtling herkommt und kümmert sich nicht darum, was mit den wieder abgeschobenen Flüchtlingen passiert. Man spielt den Pontius Pilatus und wäscht die Hände in Unschuld. Auf den Freiheitsdrang der Flüchtlinge antwortet die Politik mit organisierter Verantwortungslosigkeit.

Der Tod auf dem Mittelmeer ist unheimliche Routine geworden. Er wird behandelt wie ein Schicksal, das man nicht ändern kann. Europa nimmt den Tod in dem Meer, das die Römer Mare Nostrum nannten, fatalistisch hin, weil man fürchtet, dass Hilfe noch mehr Flüchtlinge lockt. Hilfe gilt als Fluchtanreiz. Deshalb laufen keine Hilfsschiffe der Marine aus, um Flüchtlinge zu retten; deshalb gibt es keine europäischen Hilfs- und Aufnahmeprogramme. Der Tod der Flüchtlinge ist nolens volens Teil einer Abschreckungsstrategie. Die europäische Flüchtlingspolitik ist vom Ungeist besetzt, ja besessen; es mag ein anderer Ungeist sein als der, der die Finanzmärkte beherrscht, aber auch dies ist ein Geist der Verantwortungslosigkeit. Die Flüchtlinge aber – sie sind Botschafter, Botschafter der Menschenrechte, Botschafter des Geistes der Befreiung.

Fragen an ein Irrenhaus

Es sind die Jungen, die sich aufmachen übers Mittelmeer. Es sind die Jungen, die in der Wall Street demonstrieren und vor den Frankfurter Banken. Es sind, in London und Madrid, in Berlin und Paris, in Kairo, Tel Aviv und in Santiago de Chile, die Jungen, die nicht akzeptieren wollen, dass es keine Alternative gibt. Wer die Aktionen zur Rettung der Banken und der Finanzwirtschaft rekapituliert, wer die Aktivitäten zur Rettung des Euro betrachtet, wer also sieht, wie anscheinend das gute Geld dem schlechten hinterhergeworfen wird und wie bei alledem die nationalen Parlamente so an den Rand gedrängt werden wie die Jugendlichen auf dem Arbeitsmarkt, wer registriert, dass die Regierungschefs bei ihren diversen Rettungsaktionen genau das tun, was sie gestern noch als grundfalsch abgelehnt haben und dass die führenden Ökonomen zu alledem Ratschläge geben, die sich täglich fundamental widersprechen – wer also das Gefühl hat, dass sich seine Welt in ein Irrenhaus verwandelt, der darf zumindest diese Frage stellen: Wissen die eigentlich noch, was sie tun? Die Jungen, vor allem die Jungen, stellen diese Fragen.

Mit zornigen Fragen beginnt die Veränderung. Wer zornig ist, der glaubt nicht mehr daran, dass es keine Alternative gibt. Mit zornigen Fragen beginnt die Austreibung der Ungeister.

Sie beginnt mit der Frage: Wie heißt du? Und wir kennen die Antwort: Legion ist ihr Name, denn ihrer sind viele! Dass sich immer mehr Menschen mit Zorn und Mut dieser Legion entgegenstellen, gibt Hoffnung. Es ist die Hoffnung auf Befreiung. Es ist die Hoffnung einer neuen, einer ganz anderen Legion. Legion ist ihr Name, denn ihrer sind viele.

HERIBERT PRANTL

*Jahrgang 1953, Mitglied der Chefredaktion
der Süddeutschen Zeitung, Chef der
innenpolitischen Redaktion, Honorarprofessor
für Rechtswissenschaft an der juristischen
Fakultät der Universität Bielefeld, politischer
Publizist, gelernter Richter und Staatsanwalt.
Zuletzt erschienen: „Kein schöner Land" (2005),
„Der Terrorist als Gesetzgeber" (2008)
und „Der Zorn Gottes" (2011).*

**Der Zorn Gottes –
Denkanstöße zu den Feiertagen**
Format: 13 x 20,5 cm
Hardcover mit Schutzumschlag
168 Seiten
ISBN: 978-3-86615-888-7
14,90 € (D) / 15,40 € (A)